BEI GRIN MACHT SICH IHR WISSEN BEZAHLT

AF167978

- Wir veröffentlichen Ihre Hausarbeit, Bachelor- und Masterarbeit

- Ihr eigenes eBook und Buch - weltweit in allen wichtigen Shops

- Verdienen Sie an jedem Verkauf

Jetzt bei www.GRIN.com hochladen und kostenlos publizieren

Bibliografische Information der Deutschen Nationalbibliothek:

Die Deutsche Bibliothek verzeichnet diese Publikation in der Deutschen National-
bibliografie; detaillierte bibliografische Daten sind im Internet über http://dnb.d-
nb.de/ abrufbar.

Impressum:

Copyright © 2020 GRIN Verlag
Druck und Bindung: Books on Demand GmbH, Norderstedt Germany
ISBN: 9783346173195

Dieses Buch bei GRIN:

https://www.grin.com/document/588091

Anonym

Digitalisierung in der Sportmedizin anhand von Wearables und Smart Scales

Realisierungen der Informatik

GRIN Verlag

GRIN - Your knowledge has value

Der GRIN Verlag publiziert seit 1998 wissenschaftliche Arbeiten von Studenten, Hochschullehrern und anderen Akademikern als eBook und gedrucktes Buch. Die Verlagswebsite www.grin.com ist die ideale Plattform zur Veröffentlichung von Hausarbeiten, Abschlussarbeiten, wissenschaftlichen Aufsätzen, Dissertationen und Fachbüchern.

Deckblatt der Facharbeit

Digitalisierung in der Sportmedizin am

Beispiel von Wearables und Smart Scales
(*Thema*)

Facharbeit in: Seminarfach: Realisierungen der Informatik
(*Fach*)

Schule: Missionsgymnasium St. Antonius   Schuljahr: 2019/2020

Digitalisierung in der Sportmedizin am Beispiel von Wearables und "Smart Scales"

Bringen uns Wearables und Smart Scales in unserem Verhalten, unserer Gesundheitswahrnehmung und in der Medizin voran?

Vorwort:

Vor Ihnen liegt die Facharbeit „Digitalisierung in der Sportmedizin am Beispiel von Wearables und Smart Scales. Für dieses Thema habe ich mich entschieden, da die Sportmedizin für mich als späteres Arbeitsfeld infrage kommt und ich selbst eine Sportuhr besitze. Besonders danken möchte ich an dieser Stelle meiner Mutter Brigitte Barenbrügge, die im Hinblick auf diese Arbeit über ein halbes Jahr lang einen Fitness-Tracker getragen hat und mir Ihre Erfahrungen auf Nachfrage stets mitgeteilt hat.

Inhalt

1 Einleitung:

„‚Wenn ich einen eineiigen Zwilling hätte und der würde seine Karriere ohne Technologie und Datenanalyse bestreiten – er hätte keine Chance'"[1], sagt Sebastian Kienle, einer der erfolgreichsten Triathleten der Welt, im Vorfeld zur 7. Medica Medicine + Sports Conference im November 2019. Ein zentrales Anliegen dieser Messe liegt darin, den sportmedizinischen Fortschritt an die Öffentlichkeit zu bringen und sich mit Fragen zu beschäftigen, wie zum Beispiel die Auswertung von Daten hinsichtlich Training, Verletzungsprävention und Wettkampfvorbereitung eine Rolle spielt und wie solche Daten aus dem Profisport auch für ein breiteres Bevölkerungssegment nutzbar gemacht werden können. Dabei spielt auch die Digitalisierung eine wichtige Rolle, welche sich schon längst im Sport und speziell der Sportmedizin etabliert hat. Hierbei haben vor allem sogenannte Wearables im Hinblick auf die Massentauglichkeit eine besondere Bedeutung.

„Innerhalb von fünf Jahren hat sich der weltweite Absatz von Wearables mehr als verzehnfacht, im Jahr 2019 betrug er rund 337 Millionen abgesetzte Einheiten"[2], so ergibt eine Studie der internationalen Datenplattform Statista.

Diese Entwicklung zeigt gut, wie das Interesse an dieser vor kurzer Zeit noch relativ unbekannten Branche ansteigt und sich weiterentwickelt. Wearables werden immer vielfältiger und haben aufgrund ihrer Funktionen den Sprung in das Alltagsleben vieler Menschen geschafft. Doch nicht nur im Privatleben, sondern auch vermehrt in der (Sport-)Medizin haben sie vermehrt Eingang gefunden.

Da die Digitalisierung also eine zunehmend größere Bedeutung für die (Sport-)Medizin und das Alltagsleben besitzt, befasst sich diese Facharbeit mit den Auswirkungen, die Geräte wie Wearables und auch sogenannte Smart Scales, zu denen im Kapitel 2.1.1 nähere Informationen folgen, auf unser Verhalten, unsere Gesundheitswahrnehmung und zuletzt auch auf die Medizin haben.

Das Ziel dieser Facharbeit liegt dabei darin, herauszufinden, ob uns Wearables und Smart Scales in den eben genannten Bereichen wirklich voranbringen oder ob sie den Eingang in unsere Gesellschaft zwar gefunden haben, dies jedoch ohne einen größeren Nutzen mitzubringen. Dabei sollen vor allem auch repräsentative, eigene Daten und Erfahrungen eine Rolle spielen. Nicht zum Forschungsbereich gehören dabei jedoch tiefere (sport)me-

---

[1] Quelle: Nr.9 URL: https://mednic.de/digitalisierung-im-fokus-der-sportmedizin/12090
[2] Quelle Nr.14 URL: https://de.statista.com/themen/3471/wearables/

1

dizinische Grundlagen und Erkenntnisse sowie technisches Wissen zur Funktion der Geräte, da dies aus dem eigentlichen Hauptaugenmerk entfallen und den Rahmen dieser Arbeit übersteigen würde.

Die Vorgehensweise sieht dabei wie folgt aus: Zunächst soll hierauf folgend in einem deskriptiven Teil der Arbeit der bisherige Stand der Forschung erläutert werden, das heißt, es sollen wichtige Begriffe und Grundlagen, die für das nötige Grundwissen zum Verständnis der weiteren Arbeit sorgen, erklärt werden. Folgend soll dann das Wissen aus dem vorhergehenden Teil mit eigenem Wissen zusammengeführt und die Erkenntnisse davon dargelegt werden. Dabei handelt es sich hauptsächlich um Wissen aus einem empirischen Arbeitsschwerpunkt, da individuelle Erfahrungen und zahlreiche Daten über einen Zeitraum von über sechs Monaten von einem Familienmitglied und mir gesammelt wurden. Zunächst wird dabei auf die Einflüsse von Wearables, danach auf die Einflüsse von Smart Scales eingegangen. Abschließend sollen in einer Schlussbewertung alle Ergebnisse der Arbeit zusammengefasst werden.

2 Hauptteil:

2.1 Stand der Forschung:

2.1.1 Wichtige Begriffserklärungen:

Wearables wurden in dieser Arbeit bereits öfters erwähnt, doch was genau versteht man eigentlich unter diesem Begriff?

> „Wearables sind Computertechnologien, die man am Körper oder am Kopf trägt. […] Man spricht auch von Wearable Technology und vom Wearable Computer. Sinn und Zweck ist meist die Unterstützung einer Tätigkeit in der realen Welt, etwa durch (Zusatz-)Informationen, Auswertungen und Anweisungen"[3], so Prof. Dr. Oliver Brendel, Professor für Wirtschaftsinformatik und Wirtschaftsethik an der Fachhochschule Nordwestschweiz FHNW.

Zudem sind diese tragbaren Computersysteme durch „eine hochentwickelte Sensorik, eine permanente Verarbeitung von Daten und [durch] ein[en] akute[n] Support des Benutzers"[4] gekennzeichnet. Durch die stetige Weiterentwicklung der Technologien und der Fortschritte im sogenannten Wearable Computing, einem „Forschungsgebiet [der Infor-

---

[3] Quelle: Nr.2 URL: https://wirtschaftslexikon.gabler.de/definition/wearables-54088/version-368816/
[4] Quelle: Nr.2 URL: https://wirtschaftslexikon.gabler.de/definition/wearables-54088/version-368816/

matik], das sich mit der Entwicklung von tragbaren Computersystemen […] beschäftigt"[5], gibt es heutzutage eine Vielzahl von verschiedenen Geräten. Zu den bekanntesten und mit am öftesten vertretenen Wearables gehören Fitness-Tracker in Form von Armbändern, Sportuhren, Smartwatches, Datenbrillen, intelligente Schuhen und Brustgurten. Wenn in dieser Arbeit von Wearables gesprochen wird, sind jedoch hauptsächlich Wearables gemeint, die am Handgelenk getragen werden. Die meisten Wearables sind mit einer Vielzahl von Sensoren ausgestattet, wie zum Beispiel GPS zur Positionsbestimmung, einem barometrischen Höhenmesser, einem Gyroskop[6], einem Beschleunigungsmesser, einem Thermometer und als nahezu wichtigster Sensor ein Pulsmesser zur Herzfrequenzbestimmung. „Der Nutzen von Wearables kann für deren Träger oder Trägerin hoch sein"[7], da es dem Nutzer mittels dieser Sensoren ermöglicht wird, nahezu alle seine Bewegungs- und Vitaldaten, egal ob im Berufsalltag oder beim Sport, aufzuzeichnen und die gesammelten Daten, welche die Schrittanzahl, den Kalorienverbrauch, die Anzahl hochgestiegener Treppen, das Stresslevel, die durchschnittliche Herzfrequenz und die Aktivitäten umfassen, auswerten zu lassen. Die meisten Wearables sind zudem in der Lage, den Schlaf des Trägers auszuwerten.

Dabei spielen neben den Wearables selbst Applikationen, die auf das Smartphone geladen werden können, eine wichtige Rolle, da die gesammelten Daten rund um die Uhr an dieses gesendet und dort zu umfangreicheren Statistiken und Auswertungen zusammengeführt werden.

Auf die bereits bekannten Auswirkungen und den Nutzen von Wearables wird im folgenden Kapitel 2.1.2 detaillierter eingegangen.

Neben den Wearables liegt besonders im Kapitel 2.2.2 das Augenmerk auf den sogenannten **Smart Scales**. Dieser englische Begriff hat sich anstelle der deutschen Übersetzung „intelligente Waage" durchgesetzt und bezeichnet Waagen, die in der Lage sind, neben dem Körpergewicht noch zusätzliche Daten zu messen und anzuzeigen. Aus diesem Grund werden sie oft auch als Körperfett- oder Körperanalysewaagen bezeichnet. „Körperanalyse-Waagen geben Auskunft darüber, wie der Organismus zusammengesetzt ist"[8],

---

[5] Quelle: Nr.16 URL: https://de.wikipedia.org/wiki/Wearable_Computing/
[6] Ein Gyroskop, auch Kreiselinstrument genannt, dient zur genauen Lagebestimmung, indem es Rotationsbewegungen misst
[7] Quelle: Nr. 3 URL: https://www.bsi-fuer-buerger.de/BSIFB/DE/DigitaleGesellschaft/IoT/Wearables/Wearables_node.html
[8] Quelle: Nr. 7 URL: https://www.spiegel.de/gesundheit/ernaehrung/koerperfettwaagen-wie-genau-messen-die-neuen-geraete-a-1254443.html/

indem sie neben dem Körperfettanteil auch den Wassergehalt, das subkutane und viszerale Fett, die Muskelmasse und die Knochenmasse bestimmen können. Die zwei Arten des Fettgewebes sind dabei jedoch nicht gleichzusetzen, was für die späteren Ausführungen wichtig ist.

„Das subkutane Fettgewebe wird auch Unterhautfettgewebe genannt […]. Unterhautfettgewebe dient vor allem als Wärmeisolator und Energiespeicher. Und: es scheint sogar gesund zu sein. Untersuchungen sprechen dafür, dass subkutanes Fettgewebe […] helfen kann, vor Diabetes zu schützen"[9], während es beim Viszeralfett anders aussieht:

„Dieses Fett umgibt Organe, wie beispielsweise die Leber und den Darm. Im Gegensatz zum Unterhautfett ist dieses sehr stoffwechselaktiv und setzt daher viele Botenstoffe frei [, die] […] Einfluss auf den Blutdruck nehmen.

Je mehr von dem Viszeralfett vorhanden ist, […] desto größer wird das Risiko für Herz-Kreislauf-Krankheiten und Stoffwechselstörungen."[10]

Die Körperfettwaagen ermitteln die Messwerte über die sogenannte Bioelektrische Impedanzanalyse, kurz BIA:

„Sie schicken einen kleinen Stromimpuls durch den Körper, typischerweise von Fuß zu Fuß. Da unser Körper zu 70 Prozent aus Wasser besteht, leitet er den Strom ohne großen Widerstand weiter. In Fettzellen hingegen befindet sich viel weniger Wasser, sie leiten daher schlechter und der Stromwiderstand ist höher. Anhand dieses Prinzips kann die Körperzusammensetzung über komplizierte Formeln geschätzt werden."[11]

Dabei ist zu beachten, dass die Genauigkeit der Messwerte von vielen Faktoren, dazu mehr im folgenden Kapitel 2.1.2, sowie der Art der Körperfettwaage abhängt. Denn es gibt verschiedene Arten dieser Waagen. Die in privaten Haushalten verwendeten Waagen besitzen meist vier kleine Elektroden, auf die sich der Nutzer barfuß stellt, während die in der Sportmedizin verwendeten Waagen zusätzlich zu diesen vier Elektroden noch min-

---

9 Quelle: Nr.1 URL: https://www.rbb-online.de/rbbpraxis/rbb_praxis_service/ernaehrung/fett-gesundheit-bauchfett-herz-kreislauf-studie.html
10 Quelle: Nr.1 URL: ebd.
11 Quelle: Nr.7 URL: https://www.spiegel.de/gesundheit/ernaehrung/koerperfettwaagen-wie-genau-messen-die-neuen-geraete-a-1254443.html/

destens zwei weitere Elektroden an einem Griff für die Hände besitzen, so z.b. die TA-NITA Körperanalysewaage MC 780 MA[12]. Was dies für einen Effekt hat und welche Probleme dadurch gelöst werden, wird ebenfalls im Kapitel 2.1.2 beschrieben. Ähnlich wie bei den Wearables gilt auch bei Smart Scales, dass begleitende Applikationen eine wichtige Rolle spielen. In den Applikationen wird ein Profil mit personenbezogenen Daten eingerichtet. Die Waage wird während der Messung mit dem Endgerät verbunden, auf das die Messwerte dann übertragen werden. Auf diesem lassen sich die einzelnen Körperwerte im Detail ansehen und es ist möglich, auf umfangreiche Diagramme, Statistiken und Vergleichswerte anderer Bevölkerungsgruppen zuzugreifen.

2.1.2 Wichtige Grundlagen & vorhandenes Wissen:

Wie bereits in Kapitel 2.1.1 bei den Wearables angekündigt wurde, soll im Folgenden eine genauere Betrachtung der bereits bekannten Auswirkungen und des Nutzens von Wearables vorgenommen werden.

Klar ist bereits, dass Wearables durch ihre zahlreichen Tracking-Funktionen ausgemacht werden und so in ihrer Vielfalt verschiedene Einflüsse auf unser Verhalten und unser Bewusstsein für die eigene Gesundheit haben. Denn mit den neuen Technologien und dem großen Interesse der breiten Bevölkerungsmassen an diesen entwickelte sich im Laufe der letzten Jahre ein „mittlerweile nicht mehr übersehbare[r] Trend zur Selbstvermessung"[13]. Dieser Vermessung des eigenen Körpers mittels Wearables geht meistens ein bestimmtes Ziel voraus, sei es die Gewichtsreduktion, effizienter zu trainieren, Muskulatur aufzubauen, seinen Schlaf zu optimieren oder einfach das allgemeine Interesse am Wohlbefinden des eigenen Körpers zu befriedigen. Dabei nimmt die Selbstvermessung, auch Life-Logging genannt, deutlichen Einfluss auf unser Verhalten. Darüber, wie das uns unseren Zielen näherbringt oder dies auch nicht tut, gibt es verschiedene Ansichten. „Kritiker bemängeln die »Verobjektivierung« des Körpers, welche u. a. zu einer Entfremdung von der Intuition führe"[14]. Im Blick auf diese Aussage stehen sich verschiedene Positionen gegenüber: Einerseits gibt es Befürworter des reinen Life-Loggings, für die lediglich die mit dem Wearable gemessenen Daten eine Rolle spielen und die so nach der

---

[12] Abbildung dieser Waage siehe Abbildungsverzeichnis: Abb. 1; Quelle: Nr.11 URL: https://www.o-penpr.de/news/707405/Weltneuheit-MC-780-MA-Multifrequenz-Koerperanalyse-Waage-von-TA-NITA.html/
[13] Quelle: Nr.8, S.1 URL: https://www.zeitschrift-sportmedizin.de/optimierung-durch-selbstvermessung-wie-lifelogging-und-online-fitness-unser-leben-nicht-veraendern/
[14] Quelle Nr.8, S.1 URL: https://www.zeitschrift-sportmedizin.de/optimierung-durch-selbstvermessung-wie-lifelogging-und-online-fitness-unser-leben-nicht-veraendern/

Devise „deinem Körper kannst du nicht vertrauen; verlass dich lieber auf objektive Daten"[15] handeln und es so zu der von Kritikern befürchteten »Verobjektivierung« kommt. Hier geht es nicht darum, die gesammelten Daten dazu zu verwenden, sich selbst zu reflektieren und anhand dieser Selbstreflexion seinen Zielen näher zu kommen, sondern rein auf die erfassten Daten zu vertrauen und das eigentlich im Mittelpunkt stehende Wohlbefinden des Körpers an zweite Stelle zu rücken.

Andererseits sagen Befürworter des Quantified-Self[16], „dass detaillierte Kenntnisse über den Körper den Weg zu wahrer Individualität überhaupt erst ermöglichen"[17], was an einem Beispiel gut verdeutlicht wird:

> Ein „Angestellter an seinem Arbeitsplatz [verwendete einen] Clip am Ohr, der die Variabilität des Herzschlags erfasste und so das Stresslevel anzeigte. Über die visuelle Rückmeldung des Geräts, wann er besonders gestresst war, lernte die Person, die Stress-Signale des Körpers erst (oder wieder) wahrzunehmen und entsprechende Entspannungsstrategien im Arbeitsalltag zu etablieren"[18].

Aus diesen beiden Positionen wird ersichtlich, dass es auch bezüglich der Perspektive schwierig ist, den Nutzen bzw. den Nicht-Nutzen von Wearables zu beurteilen. „Die Art der Nutzung und der Umgang damit sowie die Aussagekraft sind stark vom einzelnen Nutzer, seiner Zielsetzung und seiner Motivation abhängig"[19], wenn man sich auf die Auswirkungen von Wearables auf das Verhalten beschränkt, worauf im Kapitel 2.2.1.1 tieferer Bezug genommen wird.

Auch im Sport nehmen die Wearables Einfluss auf unser Verhalten und unser Bewusstsein. Durch die Auswertung der gesammelten Daten im Alltag und im Training kann ein Fitness-Tracker Verhaltenstipps zur Verbesserung des Fitness-Levels und der Trainingseffizienz geben und mit diesem Feedback helfen, individuelle Ziele umzusetzen, wie zum Beispiel das Erreichen einer bestimmten Schrittzahl am Tag.

> Außerdem kann mit diesen Daten „die Balance zwischen Training und Regeneration optimiert werden, unter der Voraussetzung, dass die Geräte kontinuierlich getragen werden. An dieser Stelle ist der Übergang zwischen der Überwachung

---

[15] Quelle: Nr.8, S.1 URL: ebd.
[16] Die Quantified-Self-Bewegung zielt vor allem auf die Selbstoptimierung, indem erfasste Daten vor dem persönlichen Hintergrund betrachtet und reflektiert werden.
[17] Quelle: Nr.8, S.1 URL: ebd.
[18] Quelle: Nr.8, S.1 URL: ebd.
[19] Quelle: Nr.8, S.1 URL: ebd.

des Trainings und der Überwachung des Gesundheitszustands fließend"[20], so sagt Prof. Dr. Hans-Christian Heitkamp, Professor an der Universität Paderborn, Department Sport und Gesundheit.

Neben den individuellen Auswirkungen und Nutzen von Wearables spielen diese, wie angeklungen, auch in der Sportmedizin und der Gesundheitsforschung eine immer wichtigere Rolle und könnten zukünftig vielseitig eingesetzt werden. Dabei gilt zwischen der sportmedizinischen Betreuung von Athletinnen und Athleten sowie dem allgemeinen Einsatz in der Medizin zu unterscheiden. In der Sportmedizin spielen Wearables vor allem in den Bereichen der Schlafüberwachung, der Aktivität des Nervensystems und der Schweißanalyse eine bedeutende Rolle.

„Die Akzelerometer [= Beschleunigungssensoren] finden […] Anwendung in der Schlafüberwachung mit einer relativ hohen prozentualen Übereinstimmung mit der Polysomnographie[21]"[22], wobei der Vorteil darin liegt, dass die Überwachung des Schlafes deutlich unkomplizierter abläuft, als es bei einer Polysomnographie der Fall ist. Die Überwachung der Schlafqualität bei Profisportlern ist deshalb wichtig, da sie Aufschluss über die Regeneration gibt. „Je besser dieselbe ist, desto höher die nächtliche Wachstumshormon-Ausschüttung"[23], so Heitkamp.

Die Möglichkeit, die Aktivität des Nervensystems nachzuverfolgen, vergleicht Heitkamp mit dem Eindringen in eine neue Dimension. Dabei messen „empfindliche Sensoren, die in einem Armbanduhr ähnlichen Gerät eingebaut sind, […] ständig die Aktivität des vegetativen Nervensystems[24]"[25] über die transdermale (d.h. durch die Haut) Aktivität. Man erhofft sich dadurch, frühzeitig Hinweise auf eine Überlastungsreaktion, also deutlich vor einem Übertrainingszustand, abzuleiten und so ein rechtzeitiges Gegensteuern zu ermöglichen. Das ist besonders wichtig, da sich so die Regeneration noch besser steuern und

---

[20] Quelle: Nr.6, S.1 URL: https://www.zeitschrift-sportmedizin.de/wearables-die-bedeutung-der-neuen-technologie-fuer-die-sportmedizin/
[21] Polysomnographie ist ein stationäres diagnostisches Verfahren zur Messung physiologischer Funktionen und die umfangreichste Untersuchung des Schlafes einer Person"Quelle: Nr.17 URL: https://de.wikipedia.org/wiki/Polysomnographie
[22] Quelle: Nr.6, S.1 URL: https://www.zeitschrift-sportmedizin.de/wearables-die-bedeutung-der-neuen-technologie-fuer-die-sportmedizin/
[23] Quelle: Nr.6, S.1 URL: ebd.
[24] Das vegetative Nervensystem steuert viele lebenswichtige Körperfunktionen, z. B. die Atmung, Verdauung und den Stoffwechsel. Übergeordnete Zentren im Gehirn und Hormone kontrollieren das vegetative Nervensystem.
[25] Quelle: Nr.6, S.2 URL: https://www.zeitschrift-sportmedizin.de/wearables-die-bedeutung-der-neuen-technologie-fuer-die-sportmedizin/2/

kontrollieren lässt, denn „nur ein ausgeruhter Leistungssportler ist zu Hochleistungen fähig"[26].

Die Schweißanalyse spielt vor allem während der Aktivität eine besondere Rolle:

„Über ein hochkomplexes Sensorsystem lassen sich jetzt im Schweiß [...] Laktat, Glukose, Natrium und Kalium kontinuierlich überwachen, außerdem die Hauttemperatur. Die Sensoren werden wie eine Armbanduhr oder in ein Stirnband integriert getragen"[27], so beschreibt Heitkamp.

Für ihn liegt der große Vorteil dieser äußerst genauen Messmethode darin, dass „eine Warnung über die Veränderung der Natriumkonzentration im Schweiß rechtzeitig vor einer Dehydration erfolgen"[28] kann und er rechnet zukünftig „mit dem Einsatz dieser Messmethode [...] zur Prophylaxe der Dehydration [bei Langzeitausdauerwettkämpfen]"[29]. Zuletzt ist sich Heitkamp sicher, dass die „neue kontinuierliche Schweißanalyse bei Belastung weite Forschungsfelder [eröffnet]"[30].

Aufbauend auf die in Kapitel 2.1.1 thematisierten Smart Scales soll im Folgenden detailliert auf ihre grundlegende Bedeutung in der (Sport-)Medizin und dem Alltag eingegangen werden.

Wie bereits erklärt wurde, liegt den Waagen das sogenannte Bioimpedanz-Verfahren zugrunde, wobei die Messgenauigkeit u. A. von der Art der Waage abhängt. Waagen, die mehrere Elektroden besitzen, z. B. zusätzlich an den Händen, erfassen auch das Fett und die weiteren Werte des Oberkörpers und liefern dadurch genauere Daten.

Die in Kapitel 2.1.1 angesprochenen Faktoren, die die Messgenauigkeit beeinflussen, sind die Folgenden:

„So können nasse Füße, eine volle Blase, das unverdaute [Essen] im Magen [und] Feuchtigkeitscremes die Werte verändern. Eine weitere Tücke: ‚Je nachdem, mit welcher Formel das Gerät die Körperzusammensetzung errechnet, kann der ermittelte Fettanteil vom tatsächlichen Fettgehalt im Organismus abweichen‘, meint [Sportwissenschaftler Michael Tuttor]. Dies kann der Fall sein, wenn Ihre Körperproportionen nicht mit der Sollfigur der Formel übereinstimmen. Eine Studie der Universität Erlangen-Nürnberg zeigt darüber hinaus: Bei schlanken Menschen

---

[26] Quelle: Nr.6, S.2 URL: ebd.
[27] Quelle: Nr.6, S.2 URL: ebd.
[28] Quelle: Nr.6, S.2 URL: ebd.
[29] Quelle: Nr.6, S.2 URL: ebd.
[30] Quelle: Nr.6, S.3 URL: ebd.

wird die Fettmasse im Körper eher unterschätzt, bei Übergewichtigen zeigt die Waage eher zuviel Fett an."[31]

Um solche Messungenauigkeiten zu vermeiden, wird empfohlen, sich an einen Sportmediziner zu wenden, um dort eine exakte Körperanalyse durchführen zu lassen. Dort wird zwar ebenfalls „die Bioimpedanzanalyse [genutzt, doch] das geschulte Personal weiß jedoch, wie sich störende Einflüsse minimieren lassen und messen oft mit acht Elektroden, die sie an verschiedenen Körperstellen anbringen"[32], so empfiehlt Dr. Martina Melzer in der Apotheken Umschau.

Ihre wichtige Bedeutung erlangen diese Waagen für den privaten Nutzer sowie für die Medizin dadurch, dass sie Aufschluss bei Diäten und weiteren Ernährungsfragen bieten, wodurch der Nutzer oder der Arzt die Ernährung oder die Behandlung entsprechend anpassen kann.

Auch in der Sportwissenschaft werden verlässliche Daten gebraucht, wie es mit Körperanalysewaagen möglich ist. Beispielsweise macht die TANITA Körperanalysewaage MC 780 MA komplexe Zusammenhänge sichtbar und ist so ein großer Vorteil in der Leistungsdiagnostik und Trainingssteuerung:

„Trainer und Ernährungsberater sehen anhand der genauen Messergebnisse wie der Körper zusammengesetzt ist und können den Ernährungszustand der Zellen ablesen. Sie decken so Risikofaktoren auf oder werten Trainingsergebnisse präzise aus. Muskuläre Dysbalancen, Bauchfett, kritische Muskel- und Knochenmasse werden [...] für Trainer und Sportler übersichtlich und leicht verständlich dargestellt"[33].

---

[31] Quelle: Nr.10 URL: https://www.apotheken-umschau.de/Abnehmen/Was-bringen-Koerperfettwaagen-340457.html/
[32] Quelle: Nr.10 URL: ebd.
[33] Quelle: Nr.11 URL: https://www.openpr.de/news/707405/Weltneuheit-MC-780-MA-Multifrequenz-Koerperanalyse-Waage-von-TANITA.html/

2.2 Erkenntnisse zu Wearables und Smart Scales:

2.2.1 Erkenntnisse zu Wearables:

2.2.1.1 Einfluss auf das Verhalten:

Die These dieses Unterkapitels lautet, dass der Einfluss von Wearables auf unser Verhalten stark von der Motivation des jeweiligen Nutzers abhängt.

Nach der Studie „Wearables und Gesundheit-Apps – Motive, Konsequenzen und Herausforderungen" der Hochschule Fresenius gilt, dass Nutzer von Wearables sportlich aktiver sind und sich gesundheitsbewusster verhalten als Personen, die kein Wearable nutzen. [34]

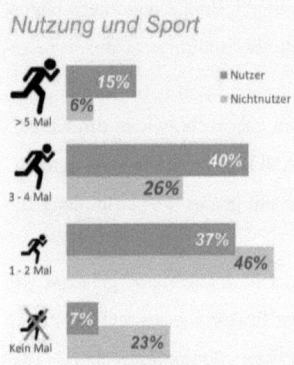

Die links abgebildete Statistik zeigt die Häufigkeit sportlicher Betätigung von über 30 Minute. 40% der Nutzer treiben drei bis vier Mal die Woche Sport, während es bei den Nichtnutzern nur 26% sind. Signifikant ist, dass lediglich 7% der Nutzer gar keinen Sport treiben, während es bei den Nichtnutzern 23% sind. In diesem Zusammenhang ist darauf hinzuweisen, dass sportliche Aktivität eng mit der Motivation der Wearable Nutzer verbunden ist.

Eine andere Grafik (s. Abbildungsverzeichnis, Abb. 3) zeigt diese Motivation der Wearable Nutzer. Aus dieser geht hervor, dass mehr Sport zu treiben die Motivation von 62% aller Nutzer ist, Gewicht zu verlieren von 53% der Nutzer und mehr auf die Gesundheit zu achten von 41% der Nutzer. Bei allen drei Motivationen spielt sportliche Betätigung eine zentrale Rolle. Verbindet man demnach die beiden Grafiken und ihre Aussagen miteinander, lässt sich bestätigen, dass das Nutzen eines Wearables unser Verhalten dahingehend beeinflusst, dass wir mehr dafür tun, um unsere Motivationen und Ziele erreichen. Durch sogenannte Inaktivitätsalarme, die Wearables nach einer längeren Zeit ohne Bewegung von sich geben, wird der Nutzer zudem unterstützt, im Alltag motiviert zu bleiben.

---

[34] Abb. 2: Häufigkeit sportlicher Betätigung von über 30 Minuten; Quelle: Nr.15, S.7 URL:
https://www.hs-fresenius.de/fileadmin/Pressemitteilungen/HS_Fresenius_Wearables_Studie_2018.pdf/

Eine Einschränkung ist dabei jedoch, „dass laut einer Untersuchung etwa jeder dritte Wearable-Besitzer innerhalb von sechs Monaten wieder aufhörte, das Gadget zu nutzen"[35]. Dies geschieht vor allem dann, wenn die Ziele nur schwer oder gar nicht erreicht werden. Oftmals tritt dann der Fall des sogenannten „Selbstvermessungs-Hoppings"[36] ein, bei dem nach einer Pause erneut dasselbe oder ein anderes Gerät genutzt wird, um die alten Ziele erneut anzugehen. Dass dabei wieder „von null" gestartet wird, wird oft vergessen und führt zu einem erneuten Aufgeben.

Es wird deutlich, dass es auch in Zeiten modernster Technologie noch eigenen Willen und Disziplin braucht, um seine Ziele zu erreichen. Wearables sind dabei ein wichtiges Mittel und meiner Meinung nach entscheidend daran beteiligt, unser Verhalten positiv zu verändern.

2.2.1.2 Einfluss auf die Gesundheitswahrnehmung:

Meine Behauptung lautet, dass sich das Tragen eines Wearables besonders bei älteren Menschen positiv auf die Gesundheitswahrnehmung auswirkt und die Lebensqualität verbessern kann.

Im Rahmen des Seminarfachs und meiner Facharbeit wurde Brigitte Barenbrügge (50 Jahre; nachfolgend Fr. B.), welche zuvor noch nie selbst Erfahrungen mit Wearables gemacht hat, von mir mit einem Fitness-Tracker ausgestattet. Ihr Beispiel stützt meine oben genannte Behauptung. Durch das Tragen des Trackers fiel bei Fr. B. nach kurzem Zeitraum eine konstant deutlich erhöhte Ruhepulsfrequenz auf, die eine Ursache für die mangelnde Belastbarkeit Fr. B.'s sein könnte. Die Frage, ob Ihr dies auch ohne den Fitness-Tracker aufgefallen ist oder wäre, wurde verneint. Mit dem Ausdruck der in der App auf dem Smartphone gespeicherten Daten stellte Fr. B. sich bei Ihrem Arzt vor. Der Befund wurde daraufhin durch ergänzende ärztliche Untersuchungen (Langzeit-EKG und Langzeit-Blutdruck) bestätigt. Es wurde eine Therapie mit einem Betablocker[37] begonnen. Diese wirkte sich nach Aufbau eines Wirkstoffspiegels im Körper positiv auf die Herzfrequenz aus. Schon nach zwei Wochen zeigte der Fitness-Tracker eine signifikante Senkung der Ruhepulsfrequenz. Fr. B. fühlte sich belastbarer und gab ein verbessertes Wohl-

---

[35] Quelle: Nr.8, S.2 URL: https://www.zeitschrift-sportmedizin.de/optimierung-durch-selbstvermessung-wie-lifelogging-und-online-fitness-unser-leben-nicht-veraendern/2/
[36] Quelle: Nr.8, S.2 URL: ebd.
[37] Betablocker ist ein Medikament zur Senkung der Herzfrequenz.

befinden an. Auf Nachfrage bestätigte der Arzt den Einsatz des Fitness-Trackers als absolut hilfreich, da so die Diagnosefindung und somit die Einleitung einer Therapie erst zustande kam.

Dieser Versuch zeigt, dass sich der Einsatz des Wearables bei Fr. B. als durchaus bereichernd für Ihre Gesundheitswahrnehmung sowie Lebensqualität erwiesen hat, da durch die jetzt eingesetzte Medikation das Risiko einer Herz-Kreislauf-Erkrankung aus ärztlicher Sicht erheblich minimiert wird.

Meiner Ansicht nach wird auch die Gesundheitswahrnehmung von jüngeren Menschen, vor allem während des Sports, positiv durch das Tragen eines Wearables beeinflusst. Wearables haben die Funktion, während des Sports die aktuelle Herzfrequenz in Leistungsbereiche (eine Grafik dazu siehe Abbildungsverzeichnis, Abb. 4) einzuteilen. Steigt die Herzfrequenz über ein vorher im Nutzerprofil festgelegtes Maximum, teilt die Sportuhr dies über eine Vibration mit. Aus eigener Erfahrung gilt, dass diese Funktion und das allgemeine Training mit Pulskontrolle helfen, effektiver und gesünder zu trainieren, da das Herz nicht überanstrengt wird und negative Folgen dessen vermieden werden.

2.2.1.3 Einfluss auf die Medizin:

Nachdem in Kapitel 2.1.2 bereits detailliert auf die Bedeutung von Wearables speziell für die (Sport-)Medizin eingegangen wurde, steht vor dem Hintergrund der Coronakrise der Nutzen von Wearables für die allgemeine Medizin im Vordergrund.

Nach Auffassung des Robert-Koch-Instituts (nachfolgend RKI) stellen Wearables ein wichtiges Hilfsmittel im Kampf gegen die Ausbreitung des Virus dar. Dieser Behauptung kann ich mich persönlich so anschließen.

Das RKI entwickelte dazu die „Corona-Datenspende"-App und bittet die Bevölkerung, in erster Linie die Nutzerinnen und Nutzer von Wearables, sich in dieser App zu registrieren und ihre Daten zu spenden.

„Dazu gehören Daten zur Aktivität und Herzfrequenz, die von Fitnessarmbändern und Smartwatches gesammelt werden. Ebenso wird nach der Postleitzahl der Nutzerinnen und Nutzer gefragt"[38], so das RKI auf die Frage, wie die App funktioniere. Weiterhin wird gesagt: „Neuartige Algorithmen können in diesen Daten

---

[38] Quelle: Nr.12 URL: https://corona-datenspende.de

verschiedene Symptome erkennen, die unter anderem mit einer Coronavirus-Infektion in Verbindung gebracht werden. Auf Basis wissenschaftlicher Methoden werden die Ergebnisse geografisch aufbereitet"[39].

Das Ziel ist es, mit Hilfe der Daten von Fitness-Trackern die mögliche Dunkelziffer an Coronavirus-Infektionen besser einschätzen zu können. Jedoch wird ausdrücklich gesagt, dass die App keinen Test auf das Coronavirus darstellt. Es werden lediglich „verschiedene Symptome, die mit einer Infektion mit dem Coronavirus in Verbindung gebracht werden [erkannt]. Dazu gehören etwa ein erhöhter Ruhepuls (Hinweis auf Fieber) und ein verändertes Schlaf- und Aktivitätsverhalten"[40].

Da noch keine Daten veröffentlicht wurden, inwiefern die Corona-Datenspende-App tatsächlich Wirkung zeigt, kann dazu keine Aussage getätigt werden. Es lässt sich jedoch ein Vergleich heranziehen, da laut dem RKI „in einem ähnlichen Projekt [...] in den USA bei einer Grippewelle die Gesundheitsdaten von mehr als 100.000 Menschen mit Fitnessarmbändern vermessen [wurden]. Dabei wurde nachgewiesen, dass Daten von Fitnessarmbändern die Verbreitung der Grippe sehr genau beschreiben"[41].

Prof. Dr. Oliver Amft[42] ist sich sicher, dass uns „zur Vorhersage der Ausbreitung und Eindämmung von COVID-19 [...] Daten von getragenen Sensoren und Smartphones helfen [werden]. Indikatoren für eine Virusinfektion aus Sensordaten sind dabei zuverlässiger als die manuelle Eingabe von Krankheitssymptomen ins Smartphone"[43].

Letztlich ist es noch wichtig, die Frage des Datenschutzes bei diesem Thema anzusprechen, da die Daten nicht beim Nutzer selbst bleiben, sondern an einen Dritten, dem RKI, übertragen werden. Damit der optimale Datenschutz gewährleistet ist, basiert „die Nutzung der App [...] auf einer individuellen Nutzer-ID, dem sogenannten Pseudonym. So können Daten auch über längere Zeiträume richtig zugeordnet und interpretiert werden"[44].

---

[39] Quelle: Nr.12 URL: ebd.
[40] Quelle: Nr.12 URL: ebd.
[41] Quelle: Nr.12 URL: ebd.
[42] Gründungsdirektor des Lehrstuhls für Digitale Gesundheit an der Friedrich-Alexander-Universität Erlangen-Nürnberg
[43] Quelle: Nr.12 URL: ebd.
[44] Quelle: Nr.13 URL: https://www.rki.de/DE/Content/InfAZ/N/Neuartiges_Coronavirus/Corona-Datenspende.html

2.2.2 Erkenntnisse zu Smart Scales:

2.2.2.1 Einflüsse auf das Verhalten:

Meiner Meinung nach ist der der direkte Einfluss von Smart Scales auf unser Verhalten im Alltag eher gering.

Die Benutzung einer Körperfettwaage über einen längeren Zeitraum hat gezeigt, dass die Benutzung in meinem Fall auf einen spezifischen Vorgang am Tag reduziert war. Demnach wurde das Verhalten selbst kaum beeinflusst. Das einzige was es zu beachten gilt, ist, dass jeden Tag unter den gleichen Bedingungen gemessen wird, um die in Kapitel 2.1.2 erläuterten Faktoren, die die Messgenauigkeit beeinflussen, zu minimieren.

Ein Gegenbeispiel ist allerdings, dass es Ausnahmen gibt, bei denen sich die Personen mehrmals am Tag wiegen, jeweils zu den gleichen Zeiten, z.B. morgens, mittags sowie abends. Je nach den Messergebnissen, im Vordergrund stehen dabei das Körperwasser und der Proteingehalt, wird das Ess- und Trinkverhalten über den einzelnen oder die folgenden Tage angepasst. Dies wiederum ist häufig ein Phänomen, das mit einem mangelnden Selbstwertgefühl einhergeht und sich so negativ auf das Gesundheitsbewusstsein auswirken kann, indem es zu Essstörungen, wie der Magersucht oder der Ess-Brech-Sucht, kommt[45].

Letztlich kommt es also nur in Extremfällen zu einer nennenswerten Verhaltensänderung. Das Essverhalten an sich wurde hier nicht als eine Verhaltensänderung berücksichtigt, da dies mehr in das folgende Kapitel 2.2.2.2 fällt.

2.2.2.2 Einfluss auf die Gesundheitswahrnehmung:

Die These dieses Unterkapitels lautet, dass sich Körperfettwaagen am stärksten auf die Gesundheitswahrnehmung auswirken.

Dazu trägt der Fakt, dass Smart Scales nicht nur das Gewicht selbst, sondern die detaillierte Zusammensetzung des Körpergewichtes anzeigen, bei.

Es gilt dabei zu bedenken, dass die in privaten Haushalten genutzten Körperfettwaagen eine tendenziell geringere Messgenauigkeit gegenüber den im medizinischen Bereich genutzten Waagen haben. Da sich die Elektroden bei diesen in der Waage befinden und so lediglich mit den Füßen in Kontakt kommen, fließt der Strom „durch die Beine und die Leistenregion. Aber das Fett, dass sich oberhalb der Beine befindet – etwa am Bauch –

---

[45] Quelle: Nr.5 URL: https://www.bzga-essstoerungen.de/was-sind-essstoerungen/ausloesende-faktoren/

wird nicht erfasst"[46]. Das wiederum kann die Ergebnisse, vor allem für das schädliche Viszeralfett, maßgeblich verfälschen, was aber nicht mit einer Nichteignung der Waagen für den Privatgebrauch einhergeht. Das wird darin begründet, dass hier der Fokus nicht auf einer äußerst hohen Genauigkeit wie bei einer einmaligen Messung beim Sportmediziner liegt, sondern meistens die Entwicklung der Körperwerte über einen längeren Zeitraum im Fokus steht. Selbiges kann aus eigener Erfahrung bestätigt werden. Der Nutzer kann sich an den ersten Messungen orientieren, selbst wenn diese nicht zu 100% genau sind, wodurch sich ein breiteres Gesundheits- und Körperbewusstsein entwickelt. Dadurch wird es möglich, auf evtl. vorhandene Problemwerte zu reagieren, wie z.B. zu viel Viszeralfett, oder bestimmte Körperwerte, wie den Anteil an Muskelmasse, zu verbessern. Dies geschieht dann durch eine Anpassung des Essverhaltens und eine Anpassung der Aktivität.

„Bleibt das Gewicht zum Beispiel trotz Sport und Ernährungsumstellung gleich, kann eine Körperfettwaage zeigen, ob dies eventuell an neu aufgebauter Muskelmasse liegt. ‚Umgekehrt lässt sich auch erkennen, ob Sie nach einer Diät wirklich Fett oder nur Muskelmasse verloren haben‘, erklärt der Sportwissenschaftler Michael Tuttor."[47].

Die Konsequenz aus den vorherigen Ausführungen ist, dass dem Nutzer so die Möglichkeit geboten wird, Rückschlüsse zu ziehen, ob die Anpassung des Essverhaltens oder der Aktivität die gewünschten Erfolge gebracht hat.

2.2.2.3 Einfluss auf die Medizin:

Meiner Auffassung nach, spielen Smart Scales nicht nur speziell in der Ernährungs- oder Sportwissenschaft eine wichtige Rolle, sondern es kommt ihnen auch in der allgemeinen Medizin eine große Bedeutung nach. Aufgrund der Aktualität des Themas wird sich konkret auf das Fallbeispiel Adipositas[48] bezogen.

„Adipositas hat in vielen Ländern weltweit epidemische Ausmaße angenommen und sich zu einer Volkskrankheit entwickelt"[49], heißt es auf zahlreichen Internetseiten, die sich konkreter mit dem Thema beschäftigen. Problematisch ist die entstehende Belastung für

---

[46] Quelle: Nr.10 URL: https://www.apotheken-umschau.de/Abnehmen/Was-bringen-Koerperfettwaagen-340457.html
[47] Quelle: Nr.10 URL: ebd.
[48] Adipositas ist eine chronische Erkrankung, die mit einer starken Gewichtszunahme einhergeht. Sie gehört zur Gruppe der Ernährungs- und Stoffwechselkrankheiten.
[49] Quelle: Nr.4 URL: https://www.bvmed.de/de/technologien/magen-und-darm/adipositas-bedeutung-fuer-patienten-und-das-gesundheitssystem

das Gesundheitssystem, da „Adipositas und ihre Begleiterkrankungen [...] das deutsche Gesundheitssystem jährlich doppelt so viel wie die Folgen von Alkoholkonsum [kosten, nämlich 20 Milliarden Euro].“[50] Auch ist dieses Phänomen im Blick auf den Gesundheitszustand der erkrankten Personen sehr kritisch zu betrachten, da Adipositas der Auslöser vieler Krankheiten ist, die die Lebensqualität maßgeblich vermindern.

Da in Deutschland ein Mangel an nachhaltigen Therapieangeboten besteht und die Behandlung einer Adipositas-Erkrankung auf jeden einzelnen Patienten individuell abgestimmt sein muss, gestalten sich die Lösungsansätze als problematisch. An dieser Stelle rücken die Smart Scales in den Fokus. Meiner Ansicht nach könnten diese ein entscheidender Faktor bei der Prävention und Aufklärung als Lösungsansatz sein.

Wie man in Kapitel 2.2.2.2 erfahren hat, bieten diese dem Nutzer die Möglichkeit, seinen Körper besser zu verstehen und auch selbstständig auf gesundheitsgefährdende Faktoren zu reagieren. Genau dies lässt sich auch auf übergewichtige Menschen übertragen, die kurz vor einer Adipositaserkrankung stehen. Adipositas lässt sich auf Dauer nicht durch immer besser werdende Behandlungen bekämpfen, die zusätzlich die Kosten für das Gesundheitssystem hochhalten, sondern der Schlüssel liegt in der Prävention. Die Patienten könnten so gezielt von geschultem Fachpersonal auf die wichtigen Körperwerte hingewiesen werden. Sie könnten dann teils selbstständig durch den Einsatz von Körperfettwaagen auf die Auswirkungen ihrer bisherigen Ess- und Lebensgewohnheiten reagieren und diesen mittels einer verbesserten Gesundheitswahrnehmung ihrerseits entgegenwirken. Somit wird einer Adipositaserkrankung entgegengewirkt und die Kosten für das Gesundheitssystem könnten über Jahre gesehen signifikant gesenkt werden.

3 Schlussbewertung:

Schlussendlich lässt sich über die Auswirkungen von Wearables und Smart Scales auf die digitale Gesellschaft folgendes sagen:

Wearables haben den Schritt in das Leben vieler Menschen geschafft und nehmen dort, wie sich herausstellte, abhängig der individuellen Intention des Nutzers einen großen Einfluss auf das Leben. Dieser ist positiv zu bemessen, da Nutzer auf dem Weg zu einem gesundheitsbewussten, nachhaltigen Verhalten unterstützt werden und die Wichtigkeit einer Auseinandersetzung mit dem Thema Gesundheit für jeden Nutzer nachvollziehbar

---

[50] Quelle: Nr.4 URL: ebd.

und individuell dargelegt wird. Zudem sind Wearables im Laufe der letzten Jahre zu einem eminenten Faktor in der (Sport-) Medizin und der Forschung geworden. Die erfassten Daten helfen Ärzten und auch Sportlern bzw. Patienten, die Prozesse des Körpers besser zu verstehen und so zu schnelleren Diagnosefindungen und Lösungsansätzen für Probleme zu gelangen.

Auch Smart Scales sind in der heutigen Zeit unabdingbar für ein tieferes Verständnis des eigenen Körpers, unabhängig, ob im privaten oder medizinischen Gebrauch. Sie helfen vor allem dabei, die Auswirkungen von sportlicher Aktivität und des Essverhaltens auf die Körperzusammensetzung nachzuvollziehen und bieten dadurch zahlreiche Möglichkeiten, seinen Lebensstil nach ärztlicher Beratung oder aus eigener Motivation anzupassen und so ggf. zu einem besseren Verständnis der Bedeutung von Gesundheit zu gelangen.

Im Hinblick auf die Fragestellung, lässt sich diese nach einer intensiven Auseinandersetzung mit dem Thema gut beantworten: Vor allem Wearables sind es, die uns gleichermaßen in unserem Verhalten, unserer Gesundheitswahrnehmung und der Medizin deutlich voranbringen, während Smart Scales vor allem die Gesundheitswahrnehmung noch vor dem alltäglichen Verhalten voranbringen. Im Blick auf die Medizin stellt sich heraus, dass Smart Scales dort in vielen Bereichen einen positiven Einfluss haben und das Potenzial besitzen, in weiteren Gebieten Anwendung zu finden.

Ein Hindernis stellte bei der Erarbeitung der Facharbeit die ungleiche Verteilung der vorhandenen Literatur dar. Während es zahlreiche wissenschaftliche Artikel zum Einfluss von Wearables gibt, ist dies im Hinblick auf Smart Scales nicht der Fall gewesen. So kam es anfangs zu einem quantitativen Übergewicht der auf Wearables bezogenen Ausführungen, welche es zu kürzen galt.

Die Ergebnisse sind dennoch als aussagekräftig einzuschätzen, da im Hauptteil sowohl die Erfahrungen und das Wissen von jungen als auch von älteren Personen eingeflossen und mit bestätigten Erkenntnissen verbunden wurde.

In Bezug auf das Thema des Seminarfaches lässt sich sagen, dass Wearables und Smart Scales besonders hilfreiche, vielfältige Realisierungen der Informatik sind und diese Arbeit gezeigt hat, dass solche Realisierungen für die Privatperson, aber besonders auch für die Forschung sehr nützlich sein können. Es wurde aufgezeigt, wie groß der Einfluss der Digitalisierung auf die Sportmedizin tatsächlich ist und dass sich dies auf das Gesundheitsverständnis einer breiten Bevölkerungsgruppe auswirkt.

Aus dieser Arbeit und den Erkenntnissen, ergeben sich jedoch auch Folgefragen zur weiteren Forschung. So wird zukünftig die Frage, welchen Nutzen der Einsatz von Fitness-Trackern bei der Bekämpfung des Coronavirus hatte, interessant. Zudem lässt sich auch in diesem Feld weiter forschen. Bieten sich Wearables dazu an, in Zukunft Krankheiten des Nutzers zu erkennen und darüber einen Arzt zu informieren? Oder können Smart Scales dem Nutzer in Zukunft selbständig Tipps zum Erreichen eines gesundheitsbewussten Lebensstils geben?

4 Quellenverzeichnis:

1. Böhm, Ariane; 13.02.2018; gutes Körperfett, schlechtes Körperfett; URL: https://www.rbb-online.de/rbbpraxis/rbb_praxis_service/ernaehrung/fett-gesund-heit-bauchfett-herz-kreislauf-studie.html/ abgerufen am 22.04.2020

2. Brendel, Prof. Dr. Oliver ; 07.01.2019; „Wearables", in: Gabler Wirtschaftslexikon; URL: https://wirtschaftslexikon.gabler.de/definition/wearables-54088/version-368816/ abgerufen am 17.04.2020

3. Bundesamt für Sicherheit in der Informationstechnik, ohne Jahr; „Wearables – direkt am Körper getragene Mini-Computer", unter Digitale Gesellschaft; URL: https://www.bsi-fuer-buerger.de/BSIFB/DE/DigitaleGesellschaft/IoT/Wearables/Wearables_node.html/ abgerufen am 18.04.2020

4. Bundesverband Medizintechnologie; 21.07.2017; Adipositas: Bedeutung für Patienten und das Gesundheitssystem; URL: https://www.bvmed.de/de/technologien/magen-und-darm/adipositas-bedeutung-fuer-patienten-und-das-gesund-heitssystem/ abgerufen am 29.04.2020

5. Bundeszentrale für gesundheitliche Aufklärung BZgA; ohne Jahr; „Auslösende Faktoren für Essstörungen", unter Essstörungen; URL: https://www.bzga-essstoerungen.de/was-sind-essstoerungen/ausloesende-faktoren/ abgerufen am 29.04.2020

6. Heitkamp, Prof. Dr. Hans-Christian; 12/2016; „Wearables – Die Bedeutung der neuen Technologie für die Sportmedizin", in Deutsche Zeitschrift für Sportmedizin; URL: https://www.zeitschrift-sportmedizin.de/wearables-die-bedeutung-der-neuen-technologie-fuer-die-sportmedizin/ abgerufen am 25.04.2020

7. Hollstein, Tim; 01.03.2019; Wie genau messen neue Körperfettwaagen?; URL: https://www.spiegel.de/gesundheit/ernaehrung/koerperfettwaagen-wie-genau-messen-die-neuen-geraete-a-1254443.html/ abgerufen am 22.04.2020

8. Hutterer, C.; 06/2016; „Optimierung durch Selbstvermessung? Wie Life-Logging und Online-Fitness unser Leben (nicht) verändern", in Deutsche Zeitschrift für Sportmedizin; URL: https://www.zeitschrift-sportmedizin.de/optimierung-durch-selbstvermessung-wie-lifelogging-und-online-fitness-unser-leben-nicht-veraendern/2/ abgerufen am 25.04.2020

9. Lück, Folker; 19.07.2019; Digitalisierung im Fokus der Sportmedizin; URL: https://mednic.de/digitalisierung-im-fokus-der-sportmedizin/12090/ abgerufen am 14.04.2020

10. Melzer, Dr. Martina; 17.05.2019; „Was bringen Körperfettwaagen?", in Apotheken Umschau; URL: https://www.apotheken-umschau.de/Abnehmen/Was-bringen-Koerperfettwaagen-340457.html/ abgerufen am 27.04.2020

11. OpenPR; 21.03.2013; Pressemitteilung: „Weltneuheit: MC 780 MA Multifrequenz Körperanalyse-Waage von TANITA", in Gesundheit und Medizin auf openPR.de; URL: https://www.openpr.de/news/707405/Weltneuheit-MC-780-MA-Multifrequenz-Koerperanalyse-Waage-von-TANITA.html/ abgerufen am 23.04.2020

12. Robert-Koch-Institut; 2020; Corona-Datenspende; URL: https://corona-datenspende.de/ abgerufen am 28.04.2020

13. Robert-Koch-Institut; 24.04.2020; Corona-Datenspende-App; URL: https://www.rki.de/DE/Content/InfAZ/N/Neuartiges_Coronavirus/Corona-Datenspende.html/ abgerufen am 28.04.2020

14. Tenzer, F.; 17.03.2020; Statistiken zu Wearables; URL: https://de.statista.com/themen/3471/wearables/ abgerufen am 14.04.2020

15. Teyke, Prof. Dr. Thomas & Dellana, Prof. Dr. med. Frank & Sethe, MBA Dominik; 2017/2018; Studie: „Wearables & Gesundheits-Apps – Motive, Konsequenzen und Herausforderungen"; URL: https://www.hs-fresenius.de/fileadmin/Pressemitteilungen/HS_Fresenius_Wearables_Studie_2018.pdf/ abgerufen am 28.04.2020

16. Wikipedia; letzte Bearbeitung 29.03.2020 um 13:21 Uhr; Wearable Computing; URL: https://de.wikipedia.org/wiki/Wearable_Computing/ abgerufen am 17.04.2020

17. Wikipedia; letzte Bearbeitung 16.04.2020 um 21:37 Uhr; Polysomnographie; URL: https://de.wikipedia.org/wiki/Polysomnographie abgerufen am 25.04.2020

5 Abbildungsverzeichnis:

Abbildung 1: Die TANITA Körperanalysewaage MC 780 MA; Seite 5

(Quelle: Nr.11 URL: https://www.openpr.de/news/707405/Weltneuheit-MC-780-MA-Multifrequenz-Ko-erperanalyse-Waage-von-TANITA.html/)

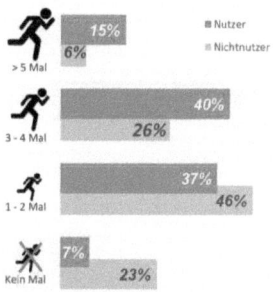

Abbildung 3: Häufigkeit sportlicher Betätigung (über 30 Minuten); Seite 10

(Quelle: Nr.15 URL: https://www.hs-fresenius.de/fileadmin/Pressemitteilungen/HS_Fresenius_Wearab-les_Studie_2018.pdf/)

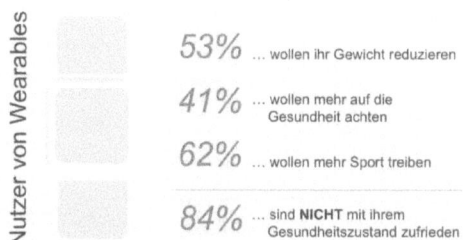

Abbildung 3: Motivation der Wearable Nutzer; Seite 10

(Quelle: Nr.15 URL: https://www.hs-fresenius.de/fileadmin/Pressemitteilungen/HS_Fresenius_Wearab-les_Studie_2018.pdf/)

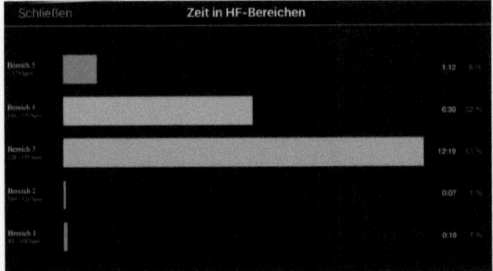

Abbildung 4: Grafik zur Einteilung der Herzfrequenz in Leistungsbereiche; Seite 12

(Quelle: eigene Darstellung)

BEI GRIN MACHT SICH IHR WISSEN BEZAHLT

- Wir veröffentlichen Ihre Hausarbeit, Bachelor- und Masterarbeit

- Ihr eigenes eBook und Buch - weltweit in allen wichtigen Shops

- Verdienen Sie an jedem Verkauf

Jetzt bei www.GRIN.com hochladen und kostenlos publizieren